I. ROUGE

L'ENSEIGNEMENT DES LANGUES VIVANTES

ET

L'ÉDUCATION NATIONALE

PARIS
LIBRAIRIE HACHETTE ET Cie
Boulevard Saint-Germain, 79.

1895

L'ENSEIGNEMENT DES LANGUES VIVANTES

ET

L'ÉDUCATION NATIONALE

I. ROUGE

L'ENSEIGNEMENT DES LANGUES VIVANTES

ET

L'ÉDUCATION NATIONALE

PARIS
LIBRAIRIE HACHETTE ET Cie
Boulevard Saint-Germain, 79.

1895

L'ENSEIGNEMENT DES LANGUES VIVANTES

ET

L'ÉDUCATION NATIONALE

Sur les scènes du boulevard comme à la devanture des libraires, des ouvrages traduits de l'allemand ont disputé cette année au drame suédois ou norvégien, la place qu'il avait conquise lui même aux dépens du roman russe. Devant cette poussée germanique, succédant ou plutôt s'ajoutant à celle des Scandinaves et des Slaves, quelques bons esprits se sont émus. On ausculta de nouveau la jeunesse. Journaux et revues de discuter le cas. Chacun proposa son remède. Les uns étaient préoccupés surtout de combattre l'intoxication étrangère, les autres de fortifier le tempérament national. Dans la Revue des Deux Mondes M. Lemaître mit en cause l'affaiblissement des études classiques, et sembla demander si le grec et le latin n'avaient pas besoin d'être renforcés, et mieux armés pour leur rôle. Personne n'eut l'air de se douter que l'étude des langues vivantes en eût un 'à jouer, et cet oubli prouverait, à lui seul, dans quelle médiocre estime le public tient encore cet enseignement.

Il est clair cependant que l'initiation graduelle à l'une des grandes littératures du Nord mettrait nos jeunes gens en garde contre maint engouement qu'on leur reproche. Familiarisés dès le lycée avec ces classiques si différents des nôtres, ils ne tomberaient pas en pâmoison au premier contact avec Rossetti ou Wagner. Ils sauraient apprécier ce qu'il y a d'individuel, de national, d'humain dans Tolstoï et dans Ibsen, sans être atteints d'Ibsénisme ou de Tolstoïte. L'étude de l'allemand ou de l'anglais pourrait être l'inoculation sagement progressive, qui prémunit contre les crises aiguës l'âme aussi bien que le corps. Cet enseignement pourrait préparer à la vie, et c'est dans ce sens qu'il devrait être appelé vivant. Mais ce n'est pas ainsi qu'on l'entend d'ordinaire. Un préjugé, trop généralement répandu, est le principal obstacle qui l'arrête encore et l'empêche de remplir une fonction sociale, pour laquelle il paraît cependant désigné par sa nature même.

L'enseignement des langues vivantes eut à lutter longtemps contre des adversaires déclarés ; il faut aujourd'hui qu'il se défende contre des amis trop zélés. Après l'avoir tenu à l'écart en raison de sa prétendue inutilité, il semble qu'on veuille le mettre encore à part en vertu même de son utilité reconnue. De ce principe juste qu'on apprend les langues vivantes pour les parler, beaucoup ont tiré cette conclusion fausse, qu'il faut les enseigner en vue exclusivement du langage parlé. Le but suprême serait d'arriver à dire : « Donnez-moi du pain », et cet enseignement serait plus vivant que les autres en ce qu'il permettrait de ne pas mourir de faim sitôt la frontière passée. Branche disgraciée de l'arbre de science, il serait condamné à porter des fruits sans s'égayer jamais de fleurs ni de verdure, et tandis que non seulement pour le grec et le latin, mais pour l'histoire et pour les sciences, il est reconnu et admis de tous que l'enseignement se propose une fin supérieure aux connaissances qu'il donne, et qu'il doit, en meublant et parant l'esprit, le former lui-même, l'élargir et l'élever, il semblerait que, seuls, l'anglais ou l'allemand dussent être appris pour eux-mêmes, en vue uniquement de leur utilité pratique.

Certes, cette utilité est grande, si grande qu'il conviendrait de lui sacrifier et l'agrément littéraire et les intérêts de l'éducation, si ces sacrifices étaient nécessaires, ou si même ils étaient possibles. Ils ne sont ni l'un ni l'autre.

Il n'est pas nécessaire de sacrifier les aperçus pittoresques et les vues d'ensemble. Ils ne doivent pas prendre trop de place sans doute, et le réformateur de l'enseignement des langues vivantes l'a dit excellemment : « Eh quoi ! se frayer laborieusement un chemin à travers la conjugaison et la déclinaison des langues germaniques, s'orienter dans les détours de la construction, dans la forêt touffue du vocabulaire, pour ne trouver au bout qu'un nouveau terme de comparaison avec la langue maternelle ! ce serait le cas de dire avec le poète anglais : « Much ado about nothing », beaucoup de peine pour rien ». Mais plus la route est ardue, plus il convient de s'arrêter parfois, pour embrasser d'un coup d'œil le chemin parcouru, ou pour s'élever du regard vers les sommets désirés. Plus les difficultés sont grandes, plus il importe, non pas de les écarter, non pas même de les aplanir, mais de les présenter sous la favorable inclinaison qui, de l'obstacle où l'esprit buterait, fait un tremplin d'où il bondit plus haut. L'acquisition du vocabulaire et du mécanisme des langues germaniques est pour nos cerveaux demi-latins si malaisée, qu'il est indispensable, en vue même des résultats immédiats et pratiques, d'intéresser à ce travail l'esprit tout entier, de ne pas s'adresser à la seule mémoire, mais de faire appel aussi à l'intelligence et même à l'imagination. C'est l'unique moyen de faire, sans trop de peine, de bon ouvrage. Le concours de toutes les forces de l'esprit peut seul assurer le succès.

Il ne serait d'ailleurs pas possible de sacrifier ainsi les intérêts de la culture générale. Ce qui est vrai du grec et du latin est vrai aussi de l'anglais ou de l'allemand. Aucune étude prolongée ne peut enrichir l'esprit de connaissances, utiles ou inutiles, sans que, par ce travail et cet effort, l'esprit lui-même soit modifié. Déjà Platon a montré avec force quelle sûre influence exerce sur l'esprit tout entier chaque notion que nous y laissons pénétrer. On a prétendu, il est vrai, que si l'enseignement du grec et du latin s'adresse à la raison pour l'éclairer, celui des langues vivantes s'adresse plutôt à l'instinct, pour faire naître des habitudes irraisonnées. Sans doute, en Neuvième, en Huitième, en Septième, on ne peut guère parler qu'à l'instinct, et créer des habitudes dont la raison s'enquerra plus tard. Mais l'instinct n'a-t-il pas sur nous plus d'empire que tous les raisonnements. « L'habitude est une seconde nature », a dit Pascal. Sully Prudhomme ajoute :

« L'habitude est une étrangère
» Qui supplante en nous la raison »,

et la délicate précision de ces vers se nuance d'à propos, quand il s'agit d'une langue étrangère.

Instinctive ou raisonnée, ou plutôt alternativement l'une et l'autre, l'étude des langues vivantes peut donc et doit, comme les autres disciplines de l'instruction secondaire, inscrire dans l'esprit de notre jeunesse, en même temps que les connaissances dont elle a besoin, certaines aptitudes intellectuelles et morales. Cette influence ne saurait être mise en doute. La double question qui se pose, et à laquelle nous voudrions essayer de répondre, c'est d'abord, quelle est au juste la nature de cette influence, puis, quelle en est exactement la valeur, au point de vue qui doit dominer tout notre enseignement, celui de l'éducation nationale.

Pour pouvoir être précis sans risquer de paraître long, nous ne considérerons ici qu'une des langues vivantes enseignées dans nos lycées, celle qui, exigée pour l'admission dans la plupart des grandes écoles, réunit la majorité des élèves. Les ressemblances, plus essentielles que les différences, permettraient d'appliquer à l'anglais presque tout ce que nous allons dire de l'allemand.

Dans l'étude du vocabulaire et dès les premières leçons, l'enfant est frappé par cette facilité de former des mots, dérivés ou composés, dans lesquels deux termes et parfois davantage, qui se déterminent l'un l'autre, sont combinés en une seule expression. Nous disons « d'un blanc de neige » ou « blanc comme neige », l'allemand dit : « schneeweiss, neigeblanc ». Dans notre expression le « comme » ou le petit « de » qui relie les deux termes les sépare plutôt. Chacun garde son existence propre, et l'esprit qui les unit un instant les perçoit encore isolément. L'expression allemande les fond ensemble, et l'esprit ne distingue plus un objet et sa qualité, il sent bien plutôt la qualité dans l'objet.

Quand avec les premiers mots qu'ils ont appris, nos élèves essaient de former le plus petit membre de phrase, ils se heurtent à une difficulté inattendue, aux multiples difficultés de la construction. Presque pas un mot qui garde la place que la raison lui assigne en français. Nous disons « le ciel bleu », l'allemand dit « le bleu ciel ». Nous disons » les montagnes couvertes de neige », l'allemand dit « les de neige couvertes montagnes ». Nous disons « comprendre aisément ce qu'on entend », l'allemand dit « ce qu'on entend aisément comprendre ». Ces différences, il faut les montrer une à une, mais on peut aider les élèves à se retrouver dans ce dédale, on peut leur mettre en main le fil d'Ariane, en les rendant attentifs au principe, dont toutes ces règles sont les conséquences. Nous posons d'abord l'objet, puis sa qualité, d'abord l'idée principale, puis l'idée particulière qui la détermine. Quand nous avons dit « la montagne » nous avons fourni à l'esprit une matière sur laquelle il peut se fixer. Il voit la montagne. Cette image lui suffit un instant. Il apprend ensuite que cette montagne est couverte de neige. L'image qu'il avait déjà se précise. En allemand, il n'y a pas deux images ou deux idées consécutives, l'une plus générale et l'autre plus précise. Idées ou images n'existent, que dès l'instant où elles sont complètes. Ici encore, les divers éléments de la sensation et de la pensée sont unis beaucoup plus étroitement que dans notre langue.

Quand, enfin, nous voulons former une phrase, nouvelle surprise. Un enfant rentre en pleurant du lycée et nous dit : « J'ai perdu mon couteau en jouant dans la cour avec mes camarades ». Dès le premier mot nous savons l'essentiel : il a de nouveau perdu quelque chose. Dès le suivant, nous sommes rassurés : ce n'est que son couteau, et maintenant nous suivons, d'une oreille plus distraite, ces explications complémentairss : en jouant dans la cour avec mes camarades. Un petit Allemand, à qui telle mésaventure advint, la contera comme suit à son père, et ce n'est pas un juvénile artifice de style pour retarder l'aveu, peut-être la punition : « J'ai, comme je, dans la cour, avec mes amis jouais » ; ici déjà un papa français, impatienté, interromprait son héritier, le presserait de la voix et du geste : Eh bien, qu'as-tu fait en jouant dans la cour ? « mon couteau » ; eh quoi ton couteau, l'as-tu prêté, cassé, perdu, retrouvé ? « perdu ». Enfin. Le mot essentiel, celui qui donne à toute la phrase son sens et sa portée, arrive le dernier. Jusqu'à la fin, il faut que l'esprit, incertain s'il s'agit d'un cas grave ou d'une peccadille, reste tendu. Il ne peut prononcer, « la cause est entendue » que lorsqu'il en possède tous les éléments. On pourrait dire, sans trop d'exagération, que l'unité irréductible du langage est, en allemand, non pas le mot, mais la phrase.

Formation des mots, ordre des compléments, construction de la phrase, dans chacun de ces grands chapitres de la grammaire ou de la syntaxe, les différences entre l'allemand et le français, source des plus grandes difficultés pour nos élèves, découlent nous le voyons à présent d'un seul et même principe. Les exemples que nous venons de voir ne sont pas très probants sans doute. Ils étaient forcément trop courts pour donner l'impression de cette attente et de cette détente. Mais prenez un livre allemand, n'importe lequel, ouvrez-le et lisez 3, 5, 10 lignes sans trouver jamais le mot qui donne aux autres leur signification : votre étonnement, votre irritation même, vous avertiront qu'il y a là une marche de l'esprit toute différente de la nôtre. Et lorsque vous serez arrivés à ne plus ressentir cette irritation, à comprendre la période allemande aussi vite que notre phrase, c'est que votre esprit ne sera plus le même. Vous aurez acquis une aptitude nouvelle.

Ces impressions, assez multiples et répétées pour créer un instinct, trop brèves et confuses pour se transformer en idées, vont grandir et se préciser au contact de la littérature. Il n'est pas question, c'est entendu, de faire à nos élèves un cours sur la littérature allemande ou anglaise. Il ne s'agit que de lire avec eux quelques-unes des œuvres classiques, mais de lire avec intelligence, sans chercher, mais sans éviter non plus, des rapprochements qui s'imposent.

Quand en Troisième nos jeunes gens, l'esprit tout occupé de Racine et de Boileau, viennent à ouvrir *Jeanne d'Arc* ou *Guillaume Tell*, avant même d'en avoir lu une ligne, ils s'étonnent de voir une si longue liste de personnages. A mesure que ces personnages paraissent et parlent, il faut bien définir leur rôle, et remarquer que ces courtisans et ces gens du peuple, ces officiers et ces soldats, ces patriotes nobles et paysans ne sont pas, comme dans notre drame romantique, de simples figurants, réunis trop souvent pour protester par leur seule présence contre l'élégante économie de la tragédie racinienne, plutôt que pour prendre part efficace à l'action. Chez Schiller et chez Gœthe comme dans Shakespeare, la foule obscure se meut autour des héros, le peuple entoure son roi, et cette foule n'est pas moins vivante que les héros, ce peuple est aussi agissant que son roi, car par une anomalie que l'histoire expliquerait, dans ces pays où la tradition monarchique s'est maintenue plus longtemps que chez nous, la littérature classique n'a pas eu les aristocratiques dédains de la nôtre, le peuple n'eut pas besoin d'une révolution pour se faire sa place et jouer son rôle sur la scène ou dans le livre : il y a toujours été chez lui.

Dans ces mêmes drames, nos élèves sont frappés des fréquents changements de scène, et de la minutie des indications scéniques. Il importe encore de leur faire observer qu'il y a là non pas tant le désir de susciter de beaux décors, ou la recherche tout aussi vaine de la couleur locale, que l'idée plus haute, de donner à chaque tableau comme à chaque portrait le cadre qui lui convient, de faire vivre tous les personnages dans l'atmosphère qu'ils ont respirée et qui les inspire. Jeanne d'Arc prenant conscience de sa mission dans la prairie où paissent ses brebis, à l'ombre du vieil arbre mystérieux d'où, le soir, descendent les voix. — Le roi Charles au milieu de sa cour somptueuse et frivole, s'oubliant en gais propos avec son amie. — Guillaume Tell dans sa maisonnette, entre sa femme et ses enfants, goûtant les joies paisibles que le caprice d'un tyran va menacer. — Les conjurés du Grütli faisant serment, au milieu de ces montagnes, naturel rempart de leur liberté, à la face de ce soleil « qui les éclaire avant les hommes de la plaine, » de rester à jamais un peuple uni de frères : autant de scènes où personnages et décors sont inséparables, où la nature intervient en quelque sorte, et joue son rôle. Non pas la nature arrangée de Versailles ou de Chantilly, non pas la nature que l'homme, effrayé de se sentir si petit, taille et façonne à sa mesure, non pas celle qu'il refait, mais celle qui le fait, l'intégrale nature, immense, impénétrée, qui nous demeure à jamais étrangère bien que toujours nous nous sentions ses fils, et que nous ne dominons enfin qu'à condition de respecter ses lois.

Ces œuvres qui montrent l'homme en relation avec la nature comme avec ses semblables, nous font sentir aussi le mystère où commence et finit sa destinée et qui l'enveloppe à toute heure. Le sentiment de l'infini et du mystère n'est pas développé dans quelque ample discours ou ramassé dans une maxime : il est partout, sur les lèvres des humbles comme dans la bouche du savant. Quand Jeanne, au moment de quitter le sûr abri de la maison paternelle pour les hasards de sa mission guerrière, s'écrie « es treibt mich fort », nous traduisons « une force mystérieuse m'entraîne ». Mais l'adjectif mystérieux, accolé au mot force, détruit bien plutôt qu'il n'exprime, ce quelque chose d'irrésistible et d'inexpliqué, que laisse entrevoir le petit sujet indéfini « es ». Ce halo vaporeux qui teinte les choses comme d'un reflet de l'infini, baigne de mystère le lied allemand comme la ballade anglaise. Ces chants sans musique bercent l'âme des mêmes résonnances vagues et pénétrantes que les musiques sans paroles, et lui suggèrent tout l'au-delà des mots. Il semble parfois que l'expression émane de l'ineffable, et y retourne, sentie plutôt que comprise. Par une vertu secrète qui tient au génie de la langue, des paroles, même insignifiantes, s'estompent d'une ombre transparente qui s'irradie en quelque sorte, s'étend, et fait participer le plus modeste objet comme la pensée la plus sublime au mystère de la vie universelle.

Du mot à la phrase, et de la phrase à l'œuvre, quelle qu'elle soit, c'est donc, dans la langue comme dans la littérature, un seul et même esprit qui anime tout et qui explique tout.

Enfermer dans un mot, par les procédés toujours vivants de la composition et de la dérivation, en même temps que l'idée générale, l'image particulière qui la limite et la détermine, — former la phrase de telle sorte que l'idée ou l'image ne soit perçue que du moment où elle est complète, — construire l'œuvre de façon à y faire tenir non seulement un sentiment ou une passion, mais l'homme, âme et corps, et avec lui sa famille, et son peuple et la nature où il a grandi, et quelque chose de l'infini qui l'enveloppe : Partout même effort pour étreindre la réalité tout entière, partout même sens de la complexité et de la vie, et pour le dire en un mot, de la plus simple règle de grammaire aux plus vastes créations du génie, partout même synthèse.

« L'art antique est l'expression des formes fixes de la nature organisée, l'art romantique celle du mouvement perpétuel de la nature en formation », disait Guillaume Schlegel. Cette opposition est surtout vraie de l'esprit latin et du génie des races du Nord. Chaque pas que nos élèves font dans la connaissance d'une langue germanique est donc un acheminement vers cette conception vivante, dans laquelle les choses apparaissent non point immobiles et isolées, mais reliées entre elles et avec l'infini par les conditions de leur éternel devenir.

Voilà quelle est l'influence de cet enseignement. Voyons maintenant quelle en est la valeur pédagogique.

La conception que nous venons de définir nous est aujourd'hui familière à tous. Elle ne s'est pourtant élaborée chez nous que lentement, dans une lutte incessante contre la conception, tout opposée, qui hérita du XVIIe siècle son autorité et son prestige. Cette lutte continue, rivalité heureuse qui, entre les souvenirs du passé et l'avenir rêvé, assure l'équilibre instable et chaque jour renouvelé du présent. Elle est partout : dans la vie publique et dans la famille, dans les arts et dans la science. Elle se retrouve, plus courtoise et mieux réglée, dans nos établissements d'éducation nationale.

L'enseignement du français, secondé ou non de l'étude du

grec et du latin, a pour mission de maintenir la tradition du génie national, tel qu'il s'est constitué et manifesté au XVIIe siècle. Ce grand siècle est son centre. Tout ce qui précède l'y conduit, tout ce qui suit l'y ramène.

Or, le XVIIe siècle, épris tout entier, comme Descartes, d'idées claires et distinctes, applique spontanément partout la même méthode que lui. Son génie analytique sépare et divise tout ce que le génie synthétique des Germains rapproche et unit.

La langue française, constituée comme elle l'est alors, est un organe parfaitement adapté à l'esprit qui l'a créée. Ce vocabulaire épuré, ces termes généraux, spiritualisés jusqu'à l'abstraction, presque dépouillés de matière, n'admettent pour ainsi dire de la nature que ce que l'esprit peut aisément s'en assimiler. Ces matériaux de choix, la phrase les ordonne selon les lois de la raison, excluant presque l'inversion, et tout ce qui trahit la surprise des sens. Sujet, verbe, compléments, chaque terme paraît à l'instant même où la raison l'appelle. Il dit tout ce qu'il doit dire, et ne fait pas dépendre le sens de sa déposition d'un autre témoignage qui viendrait, tout à la fin de l'audience, compléter ou renverser le sien. Les phrases s'enchaînent de même dans la période, et les périodes entre elles. La raison discursive se retrouve aisément dans cette enquête instruite pour elle. Elle en perçoit successivement les diverses parties, et reste libre de se faire ou non une idée de l'ensemble, tandis que l'ensemble et les parties qui le constituent s'imposent simultanément à l'intuition germanique.

Le génie qui s'était façonné ce merveilleux instrument d'investigation rationnelle a limité en même temps la matière à laquelle il pouvait s'attaquer. Alors que déjà Shakespeare avait fait entrer dans ses monstrueux chefs-d'œuvre l'humanité entière, et toute la nature avec l'humanité, notre littérature n'admet guère dans ses œuvres régulières, et conformément à l'étiquette des genres, que l'homme adulte et civilisé, l'homme parfaitement conscient, prêt à raisonner en beau langage sur ses sentiments même les plus obscurs.

Cet instinctif parti-pris de séparer dans la nature ce qui est aisément intelligible de ce qui l'est moins et, dans ce domaine limité, de tout diviser pour régner sur tout, nous a valu une littérature qui est le tableau le plus exact et le plus lumineux de l'humanité consciente et réfléchie. Pour la jeunesse, il ne saurait y avoir de meilleure école que l'étude de ce monde restreint, où ne l'attendent ni brusques surprises, ni mystères impénétrables. L'intérêt pédagogique justifie, autant que l'intérêt national, la préséance accordée dans nos lycées à un enseignement qui doit perpétuer le respect comme l'intelligence de cette langue et de cette littérature, manifestation la plus pure et jusqu'ici la plus haute du génie de notre race.

Mais l'intérêt pédagogique et l'intérêt national n'exigent-ils pas aussi qu'une place soit faite, dans l'éducation de la jeunesse, à la conception plus large et plus vivante qui se substitue de jour en jour plus complètement au dogmatisme du XVIIe siècle.

Les plus grands penseurs du grand siècle ont parfois senti eux-mêmes que l'univers dépasse en tout sens le monde dans lequel il s'était enfermé. Pascal eut le frisson de cet infini de grandeur et de petitesse, au milieu duquel l'esprit hésite, inquiet. Mais entre ces deux abîmes, s'il se sent pris de vertige, il lève les yeux vers le ciel, et retrouve aussitôt la sécurité. D'ailleurs, ces abîmes sont pour lui sans voix. C'est l'éternel silence des espaces infinis qui l'effraie. Pour nous qui n'avons pas craint de nous pencher sur ces abîmes, leurs profondeurs se sont peuplées, ces foules ont parlé, et le poète qui témoigne pour nous devant l'histoire,

Ce siècle est grand et fort, un noble instinct le mène

Victor Hugo a noté aussi ce que clament ces voix qui montent des abîmes :

L'une disait nature, et l'autre, humanité.

Nature, humanité, ces deux infinis dans le temps et l'espace dont le XVIIe siècle n'avait considéré que les parties les plus voisines et les mieux éclairées, n'ont pas tardé à emporter ses barrières, à briser ses cadres, et à tout submerger. La confusion qui en est résultée n'a pas encore pris fin. De nos jours encore, le grand problème qui divise les esprits, ou qui, à regarder les choses de plus haut, les unit dans un même et colossal effort, n'est-ce pas cette tâche, ignorée des âges précédents : pour l'artiste, de faire paraître dans ses transfigurations idéales, de ses formes les plus humbles à ses plus brillants aspects, la réalité tout entière — pour l'homme d'Etat, de faire participer au gouvernement, des foules à l'élite, le peuple tout entier, — pour le penseur, de faire entrer dans la science, dans la philosophie ou la religion, de ses origines les plus basses à ses émanations les plus sublimes, le monde tout entier, — pour chacun de nous enfin, de conformer sa vie aux lois de l'univers ? Ne faut-il pas préparer la jeunesse à cette vie, à cette tâche, et développer le sentiment en elle de ces relations secrètes, qui unissent ensemble tous les êtres, de cette universelle dépendance, dégradante pour ceux qui la subissent, mais glorieuse pour ceux qui l'ayant comprise et consentie, la vénèrent sous son beau nom de solidarité.

Quel peut être, dans notre système d'instruction secondaire, l'organe de ces idées nouvelles ? Cette fonction se trouve être, dans les programmes actuels, dévolue plutôt aux disciplines auxiliaires, aux sciences, à l'histoire, et j'ajoute, aux langues vivantes.

L'enseignement scientifique rend familières à notre jeunesse les découvertes qui ont transformé nos idées sur le monde et sur la vie, et surtout les méthodes auxquelles nous devons ces découvertes. Enseignement précieux, d'où peuvent découler une foule de leçons pratiques, pour la vie morale comme pour celle du corps. Mais ces leçons, il n'a pas à les déduire. Il reste forcément abstrait. Il montrera le lien entre la théorie de la variabilité des espèces et la doctrine de l'évolution. Il n'a pas à montrer comment cette doctrine déplace la base du devoir, et peut modifier le devoir lui-même sans en affaiblir la notion. C'est ici la tâche de la philosophie. Mais l'année de philosophie vient tard, et ne vient pas pour tous. Or, il est désirable que pour tous, et graduellement, les leçons de la science moderne, humanisées en quelque sorte par une illustration appropriée, deviennent des leçons pour la vie.

L'enseignement de l'histoire paraît un des plus aptes à jouer ce rôle, et c'est, d'après l'éloquente interprétation que M. Lavisse a donnée de ses nouveaux programmes, l'esprit qui doit l'animer désormais. L'histoire ne fait plus connaître les lois abstraites des choses : elle fait assister aux grands spectacles que l'humanité se donne à elle-même, et elle en tire la morale. Mais ces leçons sont encore bien générales. Trop de premiers rôles, ministres, généraux, empereurs, écartent de la scène la foule anonyme, dont nous sommes et serons pour la plupart toute notre vie les modestes unités. Nous avons besoin de voir comment ont su vivre, avec des idées semblables aux nôtres, des hommes de notre condition. Nous voulons connaître des héros qui, en nous imposant l'admiration, nous inspirent confiance, et qui dans la vie journalière puissent devenir nos confidents et nos conseillers en même temps que nos modèles. Or, l'enseignement littéraire peut seul, par le théâtre, le roman, la chanson, nous conduire dans la maison de l'artisan ou dans le laboratoire du savant comme dans le palais des rois, et dans les champs ou lève la moisson du paysan, comme sur la place publique où naît la liberté d'un peuple.

L'étude de la littérature française au XVIIIe et au XIXe siècle pourrait être une initiation complète à la vie moderne. Mais l'esprit qui anime cette littérature est tout l'opposé de celui du XVIIe siècle. Lui faire une large place dans l'enseignement qui a là son centre et son but, ce serait en quelque sorte forcer le cadre de cet enseignement, et lui assigner une double tâche contradictoire. Puis, si les penseurs et les poètes qui de Fontenelle à Renan, de Montesquieu à Taine, forment une série ininterrompue, sont aussi bons Français que les écrivains du grand siècle, ils sont moins classiques au sens étroit du mot. Ils eurent à lutter contre une tradition nationale fortement établie. Leur œuvre fut un combat. Elle est encore discutée. La polémique y a trop de part, et le ton de la polémique ne convient pas dans l'éducation. Ils ne peuvent donc pas être, ou du moins pas encore, les guides de notre jeunesse.

En Angleterre et en Allemagne au contraire, nous trouvons, avec le recul désiré dans le temps et dans l'espace, les idées les plus modernes chez les écrivains les plus classiques. Chaque pas que nous avons fait avec Montesquieu, Voltaire, Rousseau, Chateaubriand, Mme de Staël, en nous éloignant de Racine et de Boileau, nous rapprochait de Shakespeare et de Gœthe. C'est au point que plus d'un, parmi nos historiens et nos critiques, se plaint qu'à partir du XVIIIe siècle le génie français ait dévié, égaré par les influences du Nord. Laissons à leurs regrets ces contempteurs du présent. Laissons-les renier tant de gloires nationales : ceux qui arrêtent l'histoire littéraire à la mort du Grand Roi et ceux qui font commencer l'histoire politique à la Grande Révolution mutilent, les uns autant que les autres, le commun patrimoine.

La France n'est pas l'héritière seulement de la raison positive des Romains. L'imagination des Celtes, la sentimentalité mystique des Francs sont siennes au même titre. Si l'unité du génie national s'est constituée une première fois sous l'hégémonie latine, d'autres accords intellectuels sont possibles, dans lesquels revivra l'esprit de toutes les races de la vieille Gaule, et qui, pour être plus riches et plus variés, n'en seraient pas moins français. C'est l'obscur ressouvenir de ces multiples origines qui depuis plus de cent années oriente vers le Nord nos vagues désirs et nos curiosités inquiètes. Nous n'avons pas à prendre modèle sur l'étranger, mais l'intelligence de ses chefs-d'œuvre peut nous aider à prendre conscience de nos propres facultés natives, longtemps refoulées et étouffées au profit d'une seule. Les idées qu'il nous est arrivé d'emprunter aux Anglais ou aux Allemands, comme celles qui nous étaient venues jadis d'Italie ou d'Espagne, nous les avons toujours rendues au monde plus nettes, marquées à notre empreinte, et généreusement, à la française.

Il ne faut donc pas s'alarmer outre mesure de l'attraction qu'exercent sur notre jeunesse, avec une force renouvelée, les littératures et l'art du Nord. Il serait inutile de vouloir enrayer ce mouvement des esprits. Il serait dangereux de le faire dévier du côté d'une opposition révolutionnaire. Il importe beaucoup de le diriger, afin qu'il nous porte plus haut sans nous entraîner trop loin. Car ce n'est pas seulement affaire de caprice et de mode littéraire. La question a une portée plus haute. C'est, sous un de ses multiples aspects, le grand problème de la conciliation entre le respect dû à la tradition et le goût légitime de la nouveauté, de cet équilibre si désirable qui, seul, assurerait l'allure régulière du progrès.

Il y a là pour notre éducation nationale un devoir précis, que l'Université ne saurait négliger, et qui, nous croyons l'avoir montré, incombe en propre à l'enseignement des langues vivantes.

Nîmes. — Typ. F. Chastanier. 12. Rue Pradier.

www.ingramcontent.com/pod-product-compliance
Lightning Source LLC
LaVergne TN
LVHW010220230826
846091LV00008BB/3606

* 9 7 8 2 0 1 3 6 8 6 0 5 1 *